走！我们一起去看世界

ZOU WOMEN YIQI QU KANSHIJIE

程力华 主编

方木 刘鹤 等著

远方的家

YUANFANG DE JIA

北京师范大学出版集团
BEIJING NORMAL UNIVERSITY PUBLISHING GROUP
安徽大学出版社

目录

足迹！
》P2

长城的守望
》P4

北国之冬
》P6

移动的家
》P8

探访神农架
》P10

江南的桥
》P12

一起去赶海
》P14

茶马古道
》P16

永恒的冒险
》P18

台湾印象
》P20

垃圾的分类
》P22

大象的校园日记
》P24

在恒河边看生老病死
》P26

海水的淡化
》P28

你好，猴面包树
》P30

悲壮的旅程
》P32

尼罗河的礼物
》P34

看一场芭蕾
》P36

博物馆里的秘密
》P38

如果你遇到塞拉斯
》P40

教堂的国度
》P42

舌尖上的法国
》P44

寻找梦想的人
》P46

巧克力工厂
》P48

红色的双层巴士
》P50

来，一起搭建雪屋
》P52

不给糖就捣乱
》P54

保护亚马孙雨林
》P56

儿童共和国
》P58

谁是这里的主人？
》P60

写给勇敢的读者

亲爱的读者，打开本书，意味着勇敢的你将跟随我们的脚步，踏上一段冒险的世界之旅。我们在想象中搭乘交通工具，从脚下出发，走遍中国大地和世界各大洲。

在旅行中，我们走近远方人们的生活，了解他们的生活习俗，体会他们对生活的感悟，从而感受不同民族的文化，思考人与人、人与自然该如何相处。如果这段旅行能激发你对不同的民族文化产生兴趣，那我们的旅行就很有意义。如果本书能为你带来一点点思考，那我们将倍感欣慰。

好了，勇敢的你，准备好了吗？要不，在出发之前，我们先来了解一下这本书里都有什么吧！

主题： 我们挑选了近 30 个有代表性的地点作为这次旅行的主要景点。在这里，我们将看到丰富多彩的地理环境，各具特色的文化、习俗。

Icon： 主题所处的地理位置
本页内容所涉及的直辖市、省、自治区或国家、地区

图片： 每个主题配有 6~10 幅实景图片。这些图片可以帮助你更直观地了解世界面貌，更好地理解所讲的知识。

小档案： 为主题提供重要的补充信息，或对重点的内容展开讨论。

足迹！

我们很小，但世界很大。

虽然我们身处同一个地球，但是当北半球秋风送爽、红叶绚烂的时候，南半球正是春暖花开、阳光明媚的季节；当身在中国的我们中午与朋友相约，一起在街头漫步时，身处美国的孩子们，却正在午夜的寂静中沉睡……

世界很大，世界上有220多个国家和地区，分布在除南极洲以外的亚洲、非洲、欧洲、北美洲、南美洲、大洋洲6个洲上。世界总人口近70亿，分为蒙古人种、尼格罗—澳大利亚人种、欧罗巴人种等不同的人种。他们有的生活在高山地区，有的生活在空旷的原野，有的生活在海洋岸边，有的生活在寒冷的北极地区，分别创造了各种不同的文化，有着丰富多彩的习俗。

中国很大，陆地面积约960万平方千米。中国位于亚洲东部、太平洋西岸，从最北的漠河到最南端的三沙市立地暗沙，南北跨越的纬度近50度，相距5500千米；从最西端的帕米尔高原到最东端的乌苏里江畔，东西跨经度60多度，相距5200千米。

来吧，背上行囊，我们一起去看看世界各地的风景，走进远方人们的生活，听听他们的故事。

经纬度

地图和地球仪上，我们可以看见一条一条的细线，有横的，也有竖的，这就是经线和纬线。根据这些经纬线，我们可以准确地定出地面上任何一个地方的位置和方向。我们描述地球上某一个地点时，就可以用经纬度来表示，如北京天安门广场的经纬度是东经 116°23′17″，北纬 39°54′27″。试一试从地图上找出你家的经纬度吧！

世界遗产——故宫

世界遗产

世界遗产是指被联合国教科文组织和世界遗产委员会确认的人类罕见的、目前无法替代的财富，是全人类公认的具有突出意义和普遍价值的文物古迹及自然景观。截至2016年，中国拥有48处世界遗产，遗产总数仅次于意大利，居世界第二。

非物质文化遗产

非物质文化遗产是指各民族人民世代相承的、与群众生活密切相关的各种传统文化表现形式。如口头传说、语言、表演艺术、社会风俗、礼仪、节庆、传统手工艺技能、有关自然界和宇宙的知识和实践等。截至2013年12月，中国入选联合国教科文组织非物质文化遗产名录项目总数已达37项，成为世界上入选"非遗"项目最多的国家。

非物质文化遗产——皮影

非物质文化遗产——京剧中的孙悟空形象

身份证上的秘密

你有身份证吗？请拿出你的身份证，看看你的身份证号码，第1～6位数字是你的户籍所在地编码。其中第1位数字代表行政区划，如3代表华东地区；第2位数字代表省、自治区或直辖市，如4代表安徽省；第3、4位数字是所在市的编码，如08代表安庆市；第5、6位数字是所在区、县的编码。

行政区划
省、自治区或直辖市
所在市
所在区、县

远方的家
YUANFANG DE JIA

长城的守望

中国北部　　北京、天津、河北、山西、陕西、甘肃

请你想象一下，战场上正在对峙的两支军队，一方骑着马，另一方步行，哪方的力量更强？在中国古代，生活在北边的人民以放牧为生，他们非常善于骑马，放牧之余常常骑着马攻击南方耕地的农民。

公元前 221 年，秦始皇统一中原建立了秦朝后，开始大规模地修筑长城，以抵挡北边敌人的骑兵攻击。在秦朝以前，也有人修筑过长城，不过秦朝修的长城规模更大、更长，从甘肃岷县到辽东，绵延一万多里。在秦朝以后，历朝历代都曾多次修筑长城，有时是在旧址上修修补补，有时是在别的地方重新修筑，但以明朝修筑的长城规模最大。明朝的长城从东面的鸭绿江畔，一直向西到达甘肃的嘉峪关，总长达到了 8851.8 千米。

长城并不仅仅是一道墙，它是由城墙、关隘、敌台、烽火台等共同组成的一个防御系统。关隘用于屯驻重兵，敌台供士兵观察、射击、掩蔽，烽火台用来传递情报。修筑长城时，工匠们按照地形选择修建的路线，建筑材料尽量利用当地出产的石头、砖、土，甚至红柳枝条和芦苇。清朝以后，北方的威胁渐渐消除，长城失去了防御上的作用，随着岁月的流逝，长城不断荒废，许多已经消失了。

龙是中华民族的图腾，2000 多年来，长城就像一条长龙蜿蜒在中国北方大地上，它越过华北的崇山峻岭，爬上黄土高原，穿过辽西走廊，到达西北的大漠。长城陪伴着中国的文明进程，许多重大的历史事件都在它的身上打下了烙印。它既是中国历史的见证者，也是中华大地的守望者。

嘉峪关　酒泉　银川　兰州

嘉峪关

长城沿线分布着许多关隘，最西边的嘉峪关是其中最大的一座。嘉峪关位于甘肃省嘉峪关市的西边，最初只是一段 6 米高的土城，经过 168 年的修建，成为"天下第一雄关"。据说当年建关的时候，工匠们计算用料非常精确，建成时只多出一块砖。

4

老龙头

老龙头位于河北山海关城南的海边,它始建于明代初期,后来戚继光在海里修了一座石头城,以防止女真、蒙古族骑兵沿浅海进入关内。清朝时期,它失去了防御上的作用,成为人们登楼观海、吟诗作赋的场所。1900年,八国联军用炮火炸平了老龙头,现在的建筑都是1985年后修复的。

"北京人"遗址

大约50万年以前,北京市西南周口店的龙骨山就有人类活动,这些早期的人类被称为"北京人"。科学家研究发现,北京人在50多万年前就已经制造工具和使用火了。在发现北京人之前,没人相信人类的历史有这么久,当时一般都以为人类的历史只有10多万年。

居住在黄土高原

黄土高原是我国黄河文明的发源地,几千年来,中华儿女在这片土地上生活、繁衍。生活在黄土高原上的居民有住窑洞的习惯,他们还喜欢唱高亢的信天游,跳热情的腰鼓舞。

北国之冬

中国东北部　　辽宁、吉林、黑龙江

在中国，东北的冬天比其他地区都要来得更早一些。差不多在每年的十月中旬，一股股来自西伯利亚的冷空气，就会迅速地席卷整个东北地区，嚣张地向人们宣布：冬天来了！

东北的冬天格外寒冷。如果我们想要出门的话，那就得先裹上厚厚的大皮袄，戴上暖和的大皮帽和皮手套，再穿上厚重的毡靴，以武装到牙齿的姿态，雄赳赳地推开门，去迎接风雪的挑战。纷扬的雪越积越厚。赏雪的时候到了，玩雪的时候到了！

房顶上堆满了雪，树杈上积满了雪，树枝上也挂满了一串串、一条条的雾凇，那些美丽的冰花儿，把这片银装素裹的世界装扮得更加迷人。

太阳出来了，孩子们兴奋地跑出来，在雪地里堆雪人、打雪仗。年纪大点的孩子，会在雪地里挖一个小小的雪洞，巧妙地伪装成陷阱的模样，期盼着听到小伙伴失足踩进洞口后，发出的刺耳尖叫声。

严寒阻挡了河水流淌的脚步，河面受到寒冷的侵袭，凝结成了冰层，光滑如镜。当然，我们是不会遗忘这片乐土的。宽敞透明的河面，如同一个天然的大滑冰场。踩着冰鞋的人们来了，坐着冰爬犁的人们也来了。整个河面变得热闹起来，就像春天一样生机勃勃。

当夜晚来临的时候，松花江畔的冰灯亮起来了。用冰块雕刻出的飞禽走兽、亭台楼阁，构成了一个粉妆玉砌的冰雪大世界。晶莹剔透的冰灯和冰雕交相辉映，给冰天雪地的东北增添了一份温馨的气氛，让我们尽情享受寒冬的风情。

雾凇

雾凇也叫树挂，我们只能在冬天看到它。当严寒空气中的雾滴还没有来得及结冰的时候，就会被风吹到树枝、电线上，大量积聚起来形成一种白色、不透明的物质，这种景色就是雾凇，雾凇是一种很特别的自然景观。

木头房子

东北雪乡在我国黑龙江省海林市长汀镇,那里的房子都是用木头做成的,你知道这是为什么吗?原来,木头房子的保温性特别好,住在里面,冬暖夏凉,格外舒适。而且,木材的韧性非常强,用木材建成的房屋,可以有效地抵抗地震的破坏力。

冰灯节

冰灯是把冰块雕刻成各种造型作为灯罩,中间点燃蜡烛或放置电灯制成的灯,是流传于我国北方的一种观赏艺术品。每年冬季,我国东北地区都会举办冰灯节,节日期间展出晶莹剔透、五光十色的各式冰灯,还会举行冰雕制作比赛、冰河游园会等活动。

松花江

松花江可以说是东北人民的"母亲河",跨越内蒙古自治区、吉林省、黑龙江省。它发源于长白山天池,全长 1927 千米,流域面积 55.72 万平方千米,流域范围内满布原始森林。

远方的家
YUANFANG DE JIA

移动的家

📍 西北边疆　　🎯 青海、宁夏、新疆、内蒙古

"哪里有草原,哪里就有哈萨克人。"哈萨克族是我国少数民族之一,也是世界上著名的游牧民族。

"卡尔若,起床了!跟我去看看生病的牛和羊。"卡尔若是一位哈萨克族男孩,他和家人生活在新疆北部的阿勒泰地区,这里是中国五大牧场之一。每年10月,海拔高的牧场上就开始飘起了雪花,哈萨克牧民们带着所有的家当,赶着牛羊群迁移到稍微暖和的地方,哈萨克人称它为"冬窝子"。牧民和牲畜将在那里度过漫长的冬天,一直等到第二年春天的来临。虽然卡尔若才刚上初一,但父亲还是希望他能多学点放牧的本领。

"瞧,这只羊生病了,肯定走不到冬窝子,要把它杀了。"

"来吧!卡尔若,跟我一起把毡房拆了。"

"卡尔若,把被子搬到卡车上去!"

"我以后才不要留在这里放羊。"卡尔若嘟囔着,他有点不理解父亲的安排,难道父亲希望自己成为跟他一样的放羊人?

"卡尔若,明年我们就在县城里定居下来了。"父亲似乎明白卡尔若的心思,"不管你以后做什么工作,也不要忘记,你是一个哈萨克人,在马背上过日子,是我们的传统。"

如今,许多哈萨克人开始过上了现代化的定居生活,他们放下了手中的鞭子,尝试从事其他工作。

天亮了,卡尔若一家开始出发。"以后可能再也看不到把家搬来搬去的哈萨克人了。"父亲叹了口气。

方便携带

为了适应四处搬迁的生活,游牧居民住的房屋都很容易搭建和拆卸。他们先搭好木头骨架,墙面和屋顶都是圆形,外面盖上羊毛毡,既保暖又轻便,两个人不到一个小时就能搭建起来。搬家时,将整个房子拆开、用毛绳捆绑好,放到马背或是车上就驮走了。

那达慕大会

每年七八月间，内蒙古草原牧草繁茂，牛羊肥壮。蒙古族牧民带着帐篷、赶着牛羊，从四面八方来到那达慕大会的举办地，庆祝他们的丰收。他们在这里进行各种交易，参加歌舞表演，还进行射箭、赛马、摔跤等有特色的体育比赛。

瓜果之乡

新疆是我国著名的瓜果之乡，著名的如吐鲁番的葡萄，哈密的瓜。这里干旱少雨，光照时间长，植物可以进行充分的光合作用，制造出大量的淀粉、糖类等物质。一到夜间，气温降得很低，植物的呼吸作用减弱，这样就减少了养分的消耗，所以这里的果实中能够积累大量营养物质，果子又大又甜。

雅丹地貌

我国西北地区气候干燥，戈壁和荒漠上大风盛行，那里的大地经过几十万甚至上百万年的大风侵蚀，被吹出许多奇形怪状的土丘。有的像树，有的像伞，有的像动物，有的像城堡，有的像魔鬼。这种地貌被称为雅丹地貌。

探访神农架

　　原始森林、白色动物、未知的怪兽、野人之谜……只听这些词是不是就已经勾起了你的好奇心？位于北纬31度的神农架林区，是世界上同纬度地区唯一的一块绿色宝地，里面藏着许多珍稀的动植物。据说神农架是华夏始祖神农氏采药的地方，远古时期，这里是一片汪洋大海，后经过造山运动，地壳向上抬升，神农架才变成了现在的模样。大约250万年前，正值第四纪冰川期，寒冷的气候使许多生物都灭绝了，位于中国大陆的中部神农架成了部分动植物的避难所，许多动物从四面八方聚集到神农架，躲过了灾难，并繁殖至今。现在我们在神农架看到的银杏、珙桐、水杉、连香树、水青树，以及黑熊、东方蝾螈等都是那时候幸存下来的物种。

　　神农架位于中国亚热带向温带过渡的地区，林区最高海拔为3105.4米，最低处海拔为398米，海拔每上升100米，季节就相差3～4天，形成亚热带、暖温带、寒温带3种植物垂直分布的景观。独特的地理条件和气候，让神农架享有"物种基因库"的美誉，至今为止发现的植物有3700多种，动物1060余种。其中有列为国家一、二级保护的树种39种，属于国家一级保护的珍稀动物金丝猴、金钱豹等8种，国家二级保护的动物49种。神农架还出现过白熊、白鹿、白蛇、白喜鹊等多种白化动物，甚至还有"野人"、驴头狼、独角兽、棺材兽等传说中的动物，不过这些都还没有被证实，也许，勇敢的你，以后能去解开神农架的谜底。

第四纪冰期

在地球40多亿年的历史中，曾出现过多次显著降温变冷的时期，叫作冰期，有时冰期持续的时间长达几百万年。第四纪冰期是距今最近的一次冰期，在第四纪冰期中，许多物种如剑齿象、巨貘等都消失了，不过原始人类正是在这个时期发展成为现代人的。

东方蝾螈

金丝猴

天地之中

在我国古代,人们认为中国是位居天地中央的国家,而天地的中心是在中原的郑州、登封一带,因此这里成为中国早期王朝建都的地方,也是中国文明起源地之一。位于登封市的"天地之中"历史建筑群包括少林寺、中岳庙、汉三阙、嵩阳书院、观星台等11座建筑,凝聚了中国传统文化中礼制、宗教、科技、教育等不同文化价值的精华。

三峡水电站

位于重庆市到湖北省宜昌市之间的长江干流上,有一座迄今为止世界上最大的水力发电站——三峡水电站。据测算,三峡水电站年发电量,相当于减排二氧化碳7514万吨、二氧化硫90万吨。10年发电量相当于减少使用了约3亿吨标准煤。

登封观星台是我国现存最古老的天文台

黑熊

土家族

土家族是我国历史悠久的一个少数民族,主要居住在我国中部的武陵山地区。土家族人爱唱山歌,山歌有情歌、哭嫁歌、摆手歌、劳动歌、盘歌等。织绣艺术是土家族妇女的传统工艺,土家织锦又称"西兰卡普",是中国三大名锦之一。

> 远方的家
> YUANFANG DE JIA

江南的桥

长江中下游一带　　上海、江苏、浙江、安徽、湖南、江西

江南是水做的。

夏天是江南一年中雨水最多的季节，每年六七月间，从太平洋和印度洋吹来的暖风，带来了大量的降雨。在乡间，河里的水满了，池塘里的水满了，稻田里的水也满了，住在田野里的人家被水包围了。城市里的房子和街道，被雨水冲洗了十几天，也湿漉漉的。

有水便会有桥。我国地域广阔，从南方到北方，从东边到西边有不同的自然环境，建造了不同风格的桥。在很久很久以前的古代，中国人就掌握了各种不同的造桥技术。如北方中原地区地势平坦，人们建造宏伟宽大的石桥，以便用骡马或手推板车运送物资；西南地区山多水急，人们就用藤条、竹索、圆木等山区材料，建造绳索吊桥或伸臂式木梁桥；云南地区出产竹子，随处可见各种竹桥；西北寒冷地区还有独特的盐桥和冰桥。

江南的水多，桥也很多，桥的形状有拱形、圆洞形、梁式，桥洞有的单孔，有的多孔。奇特的如园林中的曲桥，可以供人休息、避雨的廊桥。江南的桥也很有名，有南京的长干桥、苏州的枫桥、杭州的断桥、绍兴的八字桥、扬州的二十四桥、徽州的太平桥、婺源的彩虹桥等。这些古老简朴的桥造型别致，形态优美，不仅方便了人们通行，还是一座座建筑艺术品。江南人为江南的桥注入智慧和灵气，江南的桥见证了江南人的生活和情感。

来到江南，你一定要去看看那些古桥，听听当地的人讲关于桥的传说。

江南园林

园林是我国独有的一种建筑样式，而江南园林是我国古典园林的杰出代表。江南园林的建造是在有限的空间里，营造与大自然类似的环境氛围。水是江南园林的中心，亭台楼阁都依水而建。石头堆砌的假山、曲折的小桥、蜿蜒的小路、茂盛的花木以及形状各异的漏窗都是江南园林不可缺少的元素。

江西婺源

江南民居

我国长江中下游一带，天气潮湿多雨。因此那里的房子大多朝南，屋脊很高，房间前后都有窗，通透美观。有些民居房屋进深大，形成一条巷道，便于通风散热。有时房屋建造在河边，与水相映，构成一幅幅美丽的画面。

鱼米之乡

长江中下游平原是由长江及其支流所携带的泥沙冲积而成，泥沙形成肥沃的土地，被开垦成大片的农田，种植着各种粮食、蔬菜。平原上河汊纵横交错，分布有洞庭湖、鄱阳湖、太湖、巢湖等淡水湖，这里水产丰富，盛产鱼、虾、蟹、菱、莲、苇等。

一起去赶海

沿海地区　　山东、福建、广东、广西、海南、香港、澳门

爸爸答应薇薇要带她去赶海，还有好几天才放暑假，薇薇就开始惦记上了。

赶海是等海水退潮后，在露出的沙滩上捉各种来不及跑掉的小动物。这一天，住在远方的表妹来了，爸爸说："明天我们就去赶海吧。"可把两个小姑娘都乐坏了。第二天一早，爸爸准备好了铁铲、网兜、水桶、手套，喊上薇薇和表妹，一起来到海边。海边已经站了许多人，他们都是来赶海的。"我们还得再等一会儿。"爸爸拦下正要往海里冲的两个小姑娘。在薇薇焦急的等待中，海水慢慢地向后退去，把海滩一点一点地还给人们。薇薇和表妹在爸爸的带领下，跟着人群跑向沙滩。可是，薇薇满眼看到的好像只有沙子，小动物们都在哪儿呢？"看到这个小孔了吗？这是蛤蜊用来呼吸的，用手挖挖看。"薇薇和表妹在爸爸的指点下，果然挖到了许多蛤蜊，她们还用网兜捉到了一些小螃蟹。那边，爸爸在拿铁铲铲沙，铲了一会儿，停下来，只见他用筷子蘸了点盐水，往小孔里点了点，不一会儿，一只蛏子从沙子里钻了出来，这种长得像指头的贝壳动物，味道鲜美，营养价值高，被称作"海里的人参"。薇薇和表妹好奇地跑去帮忙。沙滩上，人群三三两两的，有的在跟挥舞着大钳子的螃蟹较劲，有的把渔网从水里往沙滩上拖。

爸爸看看桶里的收获，收拾好工具，带着薇薇和表妹高兴地回家了。"这些都是大海给我们的礼物，可不能太贪心哦，否则以后就得不到礼物了。"身后，涨潮的声音响起，渔民们准备出海捕鱼了。

生活在洞里的蛏子遇到高浓度的盐水，贝柱迅速收缩，就会从沙里自动钻出来。

潮汐

如果你仔细观察大海，会发现海水的涨落很有规律。一般每天两次，白天的叫潮，夜晚的叫汐。一潮一汐间隔的时间总是不变，每天两次的涨落期，需要 24 小时 50 分钟，与月亮的作用时间几乎相同，这是因为海水的涨潮是由于月亮的引力作用而形成的。

渔民习俗

居住在沿海的渔民,一生都在与海打交道,他们对海有特殊的情感,形成了独特的习俗。如每年正月十三到海边燃放鞭炮,祭拜海神;每年年初,在锣鼓鞭炮的交响声中,渔民把网抬上船,敬香拜网,祈求捕更多的鱼;出海前,还要举行敬神仪式,由船主主持,点烛焚香,把一整只猪供奉在船头,跪拜祈祷,求神保佑。在和渔民打交道时像"漏""翻""扣"等词都是禁忌。现在这些习俗有的已经消失,有的仍在流传。

港口

港口是供船舶停靠、进出,让旅客上下,货物装卸、储存的地方。有的是自然形成的港口,有的是人工挖掘出来的港口。我国沿海地区有许多优良的港口,如大连港、天津港、青岛港、上海港、宁波港、香港港、深圳港、广州港等。

台风登陆

西北太平洋是全球台风最多的地方,全世界每年约生成 80 个台风,有 30 个左右发生在这里。西北太平洋的台风一般有 3 条移动路径。一条是从菲律宾以东向西移动,经过南海,最后在中国海南岛、广西或越南北部地区登陆;第二条是在台湾岛登陆后,穿过台湾海峡,在中国的广东、福建、浙江沿海再次登陆。第三条是台风向西北移动,接近中国东部沿海地区时,不登陆而转向东北,向日本附近转去。

台风带来的狂风暴雨破坏力极大,但台风也可以带来及时雨,能缓解或解除某些地区的干旱。

茶马古道

📍 中国西南部　　🎯 重庆、四川、贵州、云南

　　位于我国西南的横断山脉地区，是一片神秘的地方。怒江、澜沧江、金沙江、大渡河、雅砻江、安宁河等大江大河在横断山的挟持下汹涌南下，汉、藏、彝、纳西、怒、傈僳、独龙、普米、白、布依等20多个民族的人们生活在这里。横断山脉东侧的四川、云南等地自古盛产茶叶，从唐代起，人们用马匹驮着茶叶、布匹、盐等货物，穿行在崇山峻岭和大江大河间，来到西藏的拉萨，甚至印度、尼泊尔等地，交换马匹、药材、毛皮等。这条古代贸易通道后来被人们称为茶马古道，驮运货物的队伍被称作马帮。

　　茶马古道的路线主要有滇藏线和川藏线两条，滇藏线是从云南的西双版纳和普洱等普洱茶的产地出发，川藏线是从四川的雅安出发，两条路线在西藏的昌都汇合。茶马古道是世界上海拔最高、地势最险的贸易通道，海拔都在三四千米以上。对于古代行走在茶马古道上的马帮来说，从一个山谷到又一个山谷，从一个村寨到另一个村寨，每一段旅程都是一次冒险，每一次远行都要几个月，甚至几年。如今，茶马古道边上修建了许多宽广的公路，成群结队的马帮的身影和清脆的驼铃声已经消失，但偶尔发现的山间石板上，还留有马蹄的烙印，告诉我们这里生活着一群坚强和勇敢的人们。

纳西族

　　纳西族是古代羌人的后裔，现主要居住在云南的丽江一带。纳西族有自己的语言纳西语，有自己的文字东巴文和哥巴文。七星披肩是纳西族女性最喜爱的服饰，这种披肩用整块黑羊皮制成，两肩处有用丝线绣成的日月图案和依次排列的"七星"。

纳西族

傈僳族

白族　　苗族

瑶族

香格里拉

香格里拉县地处青藏高原南缘,是滇、川及西藏三省区交汇处,总面积 11613 平方千米。这里有大量高耸入云的雪山,其中海拔在 4000 米以上的雪山有 470 座,著名的有巴拉更宗雪山、浪都雪山、哈巴雪山等。

云上梯田

生活在丘陵地区的居民,在山坡上垒成一道道石堤,堤内填上细土、种植农作物,这样形成的像台阶一样的田地叫作梯田,这是人类改造自然、利用自然的一大杰作。我国西南地区梯田比较常见,著名的如云南元阳哈尼梯田、广西桂林龙脊梯田、贵州黔东南加榜梯田。

永恒的冒险

青藏高原　　西藏

　　位于我国西部的青藏高原，平均海拔超过 4500 米，高原上山峰林立。耸立在我国和尼泊尔边境线上的喜马拉雅山，是世界上最高大雄伟的山脉，其主峰珠穆朗玛峰海拔 8844.43 米，是地球上海拔最高的地方，这里一直以来都是登山者心中的圣地。1953 年，来自新西兰的农庄主希拉里和向导丹增成为最先登上珠穆朗玛峰峰顶的人。从这以后，每年都有许多登山队向峰顶发起冲击。到目前为止，已有 6000 多人次，4000 多人登上珠穆朗玛峰峰顶，这些登山队员来自世界各地，但有一点是相同的，那就是每支登山队里都少不了夏尔巴人。

　　夏尔巴人生活在青藏高原，他们大多聚集在尼泊尔索鲁昆布地区，也有一部分居住在我国西藏。由于长期生活在空气稀薄的高海拔地区，夏尔巴人的肺活量比普通人大得多，再加上长期与严峻的自然环境进行斗争，使夏尔巴人成为最擅于攀登珠峰的人，他们中有的人曾创下过 10 次不带氧气瓶成功登顶的记录，有的人只用十几个小时就能登上珠峰峰顶。在登山队里，夏尔巴人不仅负责探路、开路、运送登山物资，还要为登山者做饭、铺床、携带氧气。对于有些人，登顶珠峰可能是一项值得炫耀的冒险活动，但对于夏尔巴人来说，这只是一种危险的谋生手段，在所有珠穆朗玛峰登山遇难者中，夏尔巴人是最多的。当各国登山者在峰顶激动地展开国旗时，夏尔巴人只是平静地站在一旁，他们或许是在祈祷，下一次登山不会遇到危险。

藏族服饰

平顶碉房

　　在西藏农区或城镇，常见到平顶碉房。碉房一般用石头砌成，也有的碉房为土木结构。碉房一般为多层建筑，底层用来作畜圈，二层为居室、储藏室等，三层可作经堂。也有的碉房只修平房。

圣湖

西藏是中国湖泊最多的地区。在西藏，大大小小坐落着 1500 个湖泊，其中玛旁雍错、纳木错和羊卓雍错是西藏人民心中的三大圣湖。"错"在藏语里就是"湖"的意思，玛旁雍错藏语意为"永恒不败的碧玉湖"，纳木错藏语意为"天湖"，羊卓雍错藏语意为"天鹅湖"。

唐卡

唐卡是藏族文化中一种独具特色的绘画艺术形式，绘画者用明亮的色彩描绘出神圣的佛的世界。唐卡的绘制要求严苛、程序复杂，制作一幅唐卡用时较长，短则半年完成，长则需要十余年。

牦牛

牦牛是一种生活在高海拔地区的哺乳动物，和黄牛、水牛一样，都属于牛种。牦牛性情温和、善良，身体结实，耐寒冷。它能走险路和沼泽地，是生活在高原地区人们的"好帮手"。

台湾印象

中国东南沿海大陆架　　台湾

　　台湾岛位于中国大陆东南沿海的大陆架上,是中国最大的岛屿。台湾岛与澎湖列岛、钓鱼岛以及附近其他小岛屿一起同属于台湾省。台湾是中国领土不可分割的一部分。

　　台湾离我们很远,几百万年前,台湾与大陆相连,后经过地壳运动,部分陆地下沉,形成台湾海峡,把台湾岛与大陆分离了开来。

　　台湾离我们很近,台湾海峡最窄处130千米,金门岛离厦门东南的大嶝岛仅1800米,如果乘坐以每小时40千米速度行驶的海轮,不到半个小时就能走完。

　　台湾岛不大。全岛面积约3.6万平方千米,比海南岛略大。除西海岸一带为平原外,其余占全岛2/3的地区都是崇山峻岭。

　　台湾岛很大。岛上高山、丘陵、平原、盆地、岛屿、纵谷、海岸等地貌景观丰富;热带、亚热带、温带等自然生态并存;有野生动物18400多种,其中20%是原生特有物种;台湾菜、客家菜、广东菜、日式料理、传统小吃等各地美食融合;中华传统文化、少数民族特色文化、外来文化和谐共荣。

　　随着台湾与大陆的交流日益加深,台湾离我们越来越近,终会与大陆重新连成一体。

雨港基隆

　　基隆位于台湾岛东北角,是台湾重要的海洋渔业基地。由于基隆三面环山,一面临海,气候湿润温和,雨量多,雨期长,平均每年有200多天都在下雨,所以被称为雨港。不过,随着近几年温室效应的影响,基隆的雨已经少了很多。

台北故宫博物院

　　台北故宫博物院收藏有从宋朝到清朝历朝皇帝收集的稀世珍品70万件,如毛公鼎、散氏盘等商周青铜器,翠玉白菜、辟邪雕刻等玉器,王羲之、颜真卿、黄公望等人的书画等。还有甲骨档案2万多片,陶瓷2万多件,铜器1万多件,古代书画近1万件,善本古籍约20多万册,明清档案文献近40万件。据说,一个人仔细看完台北故宫博物院里的藏品,需要30年。

基隆港是一个重要的天然港口,台湾第二大港。

台北故宫博物院所藏珍品来自紫禁城、沈阳故宫、避暑山庄、颐和园、静宜园和国子监等处。

台北 101 大楼

台北 101 大楼高 509 米，在 2010 年以前是世界第一高楼。为了应对高空强风和台风吹拂造成的大楼摇晃，建筑师在大楼内设计了一个阻尼器。阻尼器的主体部分是一块悬挂着的大钢球，利用钢球的摆动能减少大楼的晃动幅度。

位于台湾岛北端的野柳岬，海边分布着大小不一、形态各异的奇石。这些奇怪的岩石，是千百年来海浪不断侵蚀形成的。

强风来袭时，阻尼器上的传感器探测到风力的大小和建筑的摇晃程度，通过计算机经弹簧、液压装置来控制钢球向反方向摆动，从而降低建筑物的摇晃程度。风力越大，钢球摆动的幅度越大。

日月潭

日月潭是一个天然的高山湖，湖中有座小岛，岛的北边湖面形状像圆圆的太阳，叫日潭；岛的南边湖面的形状像弯弯的月亮，叫月潭。湖的南岸有一座山叫青龙山，山上有一座寺叫玄奘寺，寺里安放着名僧玄奘的灵骨。寺里有一座塔叫慈恩塔，站在塔上可以俯视日月潭的全景。

日月潭位于台湾岛的西部，它只比西湖稍大一点，却比西湖深 10 倍还多。

阿里山森林小火车

阿里山森林资源丰富，红桧、扁柏、亚杉、铁杉和姬松是阿里山最有名的 5 种树木。100 多年前，台湾是日本的殖民地，日本人为了把从阿里山上砍伐的树木搬下来，修建了一条登山铁路，是全球 3 条登山铁路之一。如今乘坐阿里山森林小火车成了受人欢迎的旅游体验。

森林小火车在森林里前进，盘旋爬山，从海拔 30 米处爬到 2450 米，它的终点站是阿里山新站。

垃圾的分类

 亚洲东部　 日本

在日本，扔垃圾可不是一件简单的事情。

首先，要弄清楚各种垃圾的分类。日本人把垃圾分成可燃、不燃、粗大、有害、资源等几大类，每个大类下还会细分。为了指导人们如何把垃圾正确分类，专门印有垃圾分类手册，有的手册达二三十页，包含五六百项条款。比如香烟盒由纸盒、外包的塑料薄膜、封口处的铝箔组成，在垃圾分类中分别为塑料、纸、金属。

了解了垃圾的分类知识后，人们要对垃圾进行处理。如喝完牛奶，要把纸盒清洗干净，用剪刀剪开纸盒，抚平晾干后，才能装入专门的垃圾袋中。喝完饮料的塑料饮料瓶，要先进行简单的清洗，然后拧下瓶盖，撕掉标签，踩扁后才能投入塑料回收箱。

在日本的大街上，很少有垃圾箱的身影，一般人们都会把垃圾带回家进行处理。垃圾装袋后，还不能随便扔掉，得等到指定的垃圾回收时间，才能放到指定的地点。每个日本家庭每年年底都会收到一份垃圾回收年历，年历上用不同的颜色标出每天回收的垃圾种类，只有符合投放条件的垃圾才会被运走。如果错过了指定的时间，就只能把垃圾存放在家里，等到下个回收日再进行投放。

垃圾车从指定地点把垃圾运往垃圾收集站，经过人工分选、压缩后送往资源回收中心进行处理。处理后的垃圾变废为宝，有的用于火力发电，有的用来建设蒸汽游泳池，还有的用来铺路和填海。

在日本，扔垃圾可不是一件简单的事情。每个人从小就要开始学习垃圾处理的知识，形成垃圾分类的意识，养成环境保护的习惯。

相扑

相扑是日本人发明的一项运动，最早相扑是一种宗教仪式，后来作为体育运动发展起来。相扑和摔跤比赛看上去差不多，但两者规则有很大不同。参加相扑比赛的运动员，都要经过长期严格的训练，在日本，他们深受人们的尊重。

生鱼片与寿司

生鱼片是日本料理中最有特色的一道菜肴。这种以新鲜的鱼贝类生切成片，蘸调味料食用的食物让许多日本人为之着迷。寿司则是一种以生鱼片、生虾、生鱼粉等为原料，再配以精白米饭、醋、海鲜、辣根等捏成的小饭团。

富士山

富士山是日本最高大的山峰,它也是一座已经休眠多年的火山,山顶至今还保留有一个巨大的火山口。富士山山顶终年白雪皑皑,从远处看起来似乎散发着银色的光芒,因此被日本人称作"圣山",是日本人引以为傲的象征。

男孩节和女孩节

每年的5月5日是日本的男孩节,有男孩的家庭一般都会在屋外用竹竿悬挂鲤鱼旗,寓意鲤鱼跳龙门,希望自己家的男孩有好的运气和勇气。每年的3月3日是日本的女孩节,有女孩的家庭会在客厅摆上偶人架,女孩们穿上和服,邀来亲密的伙伴,一起围坐在偶人架前,尽情地吃、喝、说笑、玩耍,愉快地欢度节日。日本的男孩节和女孩节习俗都来自古代的中国。

日本的"道"

有些日本人希望通过练习不同的技艺,达到个人精神上修炼的目的。在日语中,通常用"道"来表达对传统的传承、真理的追求。不同的道有不同的体悟,日本常见的道有花道、茶道、书道、柔道、剑道等。

大象的校园日记

亚洲东南部　泰国

我叫德猜，这是我的故事。

我今年11岁，7年前我来到这所学校，现在是中级班的学生，还有6年我就可以毕业了。听说我的师兄们毕业后，有的被分配到乡下去干活，有的在北方森林里搬木头，有的留在城里当表演明星，有的驮着人们到处旅行。大家都在为生活忙碌着，似乎都忘了我们的祖先，当年可是在战场上冲锋陷阵的勇敢战士。我不知道我以后能做什么，我可不想去搬木头，太辛苦了。当明星？听起来好像不错。不过，在这之前，我还是先起床去上课吧。

我已经习惯了学校的生活，不会像低年级那些小孩吵吵闹闹、笨手笨脚的。每天早上5:30，是我们的起床时间，起来第一件事就是去舒舒服服地洗个澡。上午是一天中最重要的学习时间，我们学习的课程有"劳动课""表演课"和"生活课"。我有两位老师，一位教我上课，一位照顾我的生活。他们从我一进学校的时候就陪着我，我们之间现在已经很熟悉了，一个手势，一声号令，我就知道他们的意思。不过有时我会假装听不懂，其实我是想要他们手里的香蕉。我最不喜欢劳动课，整天把木头搬来搬去的，很累也很无聊。表演课最有趣，"前倒立""后站立""跳舞"，这些动作对我来说，只是小菜一碟。有时，我还要上图画课，呃……这个还是挺难的，听说有位师兄靠画画谋生，过得还不错，有人给他取了个新名字叫"毕加索"。不管怎么样，多一门手艺，多一条路嘛。

好了，我不跟你聊了，我要去练习搬木头了，记住我，我叫德猜，下次来清迈，你一定要来看我哟！

泰国人与大象

大象在泰国被视为国宝，尤其是白象更为珍贵，泰国的许多民间传说、文学作品、绘画、雕塑都与大象有关。泰国人视生性憨厚温顺的大象为荣誉、尊贵和力量的象征。大象善解人意，勤劳能干，是廉价的劳动力。但近年来，大象在泰国的地位不如从前了，它们被杀害、遭虐待，许多人呼吁制定法律，保护大象的生存环境。

信奉佛教

泰国人大多信奉佛教，全国有大小佛寺3万多座，几乎每个家庭都设有佛堂或佛龛。泰国大多数男人幼时都要出家当和尚，在庙里学习泰文、佛经。出家的时间可长可短，最短只需要3天，一般为3个月。宪法规定，国王在登基前也要在佛寺里过一段僧侣生活。

请勿触摸

泰国人非常重视人的头部，他们认为头是灵魂所在，神圣不可侵犯，所以在泰国不能随便触摸别人的头部。即使是小孩的头，外人也不能抚摸，只有国王、僧侣和父母才能碰。相反，泰国人认为左手和脚是不干净的，接受物品，都必须使用右手。在泰国人面前，盘腿而坐或以鞋底对着人是不礼貌的。无论是坐着还是站着，不要让泰国人明显地看到你的鞋底。

大皇宫是曼谷中心一处大规模古建筑群，始建于1782年。大皇宫以前是泰国国王居住的地方，现在是著名的旅游景点，有时也用于接待外国元首，举行国家庆典等活动。

泰拳

泰拳是泰国传统的民族艺术和格斗技艺，有500多年的历史，是一项以力量与敏捷著称的运动。泰拳主要是在很短距离下，运用人体的拳、腿、膝、肘进行攻击。人们口中所说的泰拳一般指现代泰拳，现在有越来越多的人到泰国来学习泰拳。

> 远方的家
> YUANFANG DE JIA

在恒河边看生老病死

 亚洲西南部　 印度

　　清晨时分，灰蓝色的天空下，恒河静静地流淌着，岸边开始人影绰绰。没多久，天已经亮了，恒河边上聚集了很多人。人群中，老人脱去了上衣，浸在河水中沐浴；穿着沙丽的女人在岸边的石头上祭拜；沐浴后的姑娘坐在河边，虔诚地向恒河许愿；大人们舀起河里的水，拉过身边的小孩，从他们的头上浇下。

　　恒河位于印度的北部，它发源于喜马拉雅山脉，是南亚最长、流域最广的河流。一直以来，恒河被印度人视为最受尊敬的"母亲河"。印度大大多信奉印度教，印度教教徒认为恒河是天上女神的化身，她下凡来到人间，为人世间洗涤一切罪恶和污秽。在恒河中沐浴，能洗去人们身上的罪孽；喝了恒河水，能延年益寿，永不生病。每天清晨，虔诚的印度教教徒从四面八方赶来，跳入恒河中，久久不愿离去。教徒们死后，渴望能够在恒河岸边举行火葬并将骨灰撒入河中，以求灵魂得以解脱。

　　近年来，恒河的污染日益严重，沿岸的城市将污水排入河道中，河面上到处漂浮着塑料、泡沫等生活垃圾，恒河的水已经变得污浊不堪，不再适合沐浴和饮用。不过在印度教教徒的眼中，恒河仍然是他们心中那条洁净的圣河。

泰姬陵

　　泰姬陵是印度名气最大的古代建筑物。它位于印度的亚穆纳河右侧，建于1631年，是莫卧尔王朝的第5代皇帝沙贾汗为宠妃泰姬·玛哈尔修建的陵墓。泰姬陵占地17万平方米，长约580米，是一座由纯白色大理石修建而成的完美建筑物，被认为是莫卧尔王朝建筑成就的巅峰之作。

泰姬陵的建成花费了近20年的时间和国中几乎所有的钱财，每天都有将近2万多名役工为了建造它而辛勤劳作。

花纹和图案由各种颜色的宝石、水晶、翡翠、孔雀石等镶嵌而成。

四周各树立高达40米的尖塔，塔身略微外倾，据说是考虑到一旦发生地震，这些尖塔会往外倾倒，不会压在泰姬陵主体上。

甘地

甘地是现代印度的国父,他带领印度人脱离英国的殖民统治,获得了国家独立。他的非暴力不合作思想影响了全世界许多人。他被人们尊称为"圣雄甘地"。

沙丽

印度女性的传统服饰是一块裹在身上的布,长3米左右,称作沙丽。沙丽的颜色和穿戴的形式多种多样。印度女性穿着纱丽时,一般上衣是一件短袖、露出肚脐的紧身衣,下身是一条及地的直筒衬裙。

对牛的崇拜

印度是世界上养牛最多的国家,也是最崇拜牛的国家。一些印度人把牛奉为神灵,他们给牛起名字,同牛说话,用花环和绶带装饰牛。在印度,牛不仅可以自由自在地在田野上漫步,而且还可以在高速公路、城市的街道上四处游荡。当它们穿过闹市时,汽车要让路,交通警察对此也束手无策。

海水的淡化

 亚洲西部  中东地区

水是地球上一切生命维持活动必不可少的物质。虽然地球表面70%以上都被水覆盖，但其中只有2.5%左右是人类可以饮用的淡水。在这些淡水中，大部分是分布在地球两极和高山地区的冰川，还有一些藏在地下深处，它们目前都不能被人类利用。随着地球上的人口越来越多，许多国家的淡水资源越来越贫乏。

位于亚洲西部的中东地区，是世界上缺水最严重的地区之一，那里气候干燥，降水少，大部分地表被荒漠覆盖。以前，生活在中东地区的人们用水靠很少的水井，或者收集雨水，也有人到很远的河流，用船一点一点地往回运水。这些方法远不能解决缺水的问题。后来，人们产生了把海水变成淡水的想法，于是，沙特阿拉伯、科威特、卡塔尔、以色列等国家纷纷在海边建设海水淡化工厂，从而缓解了淡水缺乏的危机。

海水淡化是将海水里的盐分和其他矿物质除去，将海水变成淡水的过程。海水淡化的方法有几十种，常用的是把海水加热，变成水蒸气，水蒸气冷却后，就变成了淡水。还有一种常见的海水淡化方法是反渗透法，它利用一种半透膜，把海水和淡水隔开。向海水施加压力，海水里的水能通过半透膜，渗透到淡水那边，而矿物质不能通过，这样就把海水里的水分和盐等矿物质分离了开来。

海水淡化后，通过管道源源不断地流进内陆，储存在高大的储水塔里。除了饮用，中东地区的人们还利用淡水灌溉，发展农业，把沙漠变成一片片绿洲。

石油库

位于亚洲西部的波斯湾地区，是世界上最大的石油产地，石油储量占世界的65%，所产石油通过霍尔木兹海峡运往世界各地，许多国家的能源主要依靠波斯湾的石油供应。石油为波斯湾地区的人们带来了金钱，但同时也带来战争。

哭墙与犹太人

以色列有一座城市叫耶路撒冷，耶路撒冷的老城内有一段墙被称作哭墙。这段墙原来属于一座犹太神庙，后来神庙被毁了，只留下这段石墙。几个世纪以来，犹太人多灾多难，流落到世界各地，当他们回到耶路撒冷时，都会到哭墙下为自己民族的命运痛哭祈祷。

圣城麦加

麦加位于沙特阿拉伯境内，它是伊斯兰教创始人穆罕默德的诞生地，后来他又在这里传教。麦加有世界上最大的清真寺——禁寺。禁寺中央有一个石砌的圣殿，叫克尔白。每年的伊斯兰教教历十二月，来自世界各地的伊斯兰教徒，都汇集到这里集体朝觐。

哭墙是犹太人心目中最神圣的地方

你好，猴面包树

 印度洋西部　　 马达加斯加

如果你看过《小王子》，你肯定记得书里曾这么说过："在小王子的星球上，有一些可怕的种子……这是猴面包树的种子，星球的土壤里到处都是。对猴面包树动手迟了，就永远别想剔除干净。枝叶布满星球表面，树根刺穿星球。要是星球太小，猴面包树又太大，猴面包树会把星球撑破的。"来到马达加斯加岛，看到成片的猴面包树，也许，你以为自己正在小王子星球上呢。

马达加斯加岛位于非洲东南部的印度洋上，很久以前，它和非洲大陆是连在一起的。1.6亿年前，马达加斯加岛从非洲大陆分离了出来，后来这里就成了一块与世隔绝的地方，岛上有许多世界其他地方没有的生物。在马达加斯加的所有植物中，猴面包树最受人喜爱。这种树的样子就像顶着一头乱糟糟头发的胖子，所以也有人叫它"大胖子树"。每年雨季时节，猴面包树的身体就像海绵一样，储存大量的水分，等到干旱的时候再慢慢享用。对当地人来说，猴面包树的用处很多，它的果实可以吃，树叶是一种蔬菜，种子可以榨油，树皮可以入药，肚子里的水可以解渴。

马达加斯加是世界上经济最不发达的国家之一，生活在这里的人热情淳朴，他们崇尚自然传统，享受悠闲自在，"不要着急，有猴面包树就什么都不怕。"这是马达加斯加人的生活哲学。

国家的象征

马达加斯加人的生活习俗与东南亚各族人民有许多相同的地方，他们崇拜牛，把牛视为财富的标志，牛头是国家的象征。平均每两个马达加斯加人就拥有一头牛，每个星期，牛有固定的休息日，休息日里不能强迫牛干活。

猴面包树的果实

豹变色龙

生命树

猴面包树是植物界的寿星之一，在干旱的恶劣环境中，它们的寿命能达到 5000 年左右。在沙漠旅行，如果口渴，只需用小刀在猴面包树的肚子上挖一个洞，便有清泉喷涌而出。因此，不少在沙漠旅行的人说："猴面包树与生命同在。"

指猴

指猴是世界上身体最小的猴子，成年的猴子只有 10～12 厘米高，80～100 克重，主要分布于马达加斯加东部沿海森林。有时，指猴会用像人手一样的爪子敲击树木，判断里面有没有能吃的虫子。由于叫声像哭，当地人认为指猴会带来厄运，所以一旦看到它们便杀死，加上栖息地的破坏，指猴数量逐渐减少。

猴面包树的花

狐猴

狐猴是一种古老的灵长类动物，比猴子出现要早得多。它有一双美丽的大眼睛，脸长得像狐狸，有一条长长的尾巴。狐猴怕冷，喜欢晒太阳，晒太阳时弓着背，像一只松鼠。

悲壮的旅程

非洲东部　坦桑尼亚

这是一个与旅行有关的悲壮故事。

在非洲东部坦桑尼亚境内有一个叫作塞伦盖蒂的地方，每年12月份，塞伦盖蒂草原开始进入雨季，大地喝饱了雨水，孕育出了鲜美的青草。此时，成群的角马、斑马、瞪羚在这里一边享受着美食，一边生儿育女，繁衍后代。然而，快乐的日子总是很快就会过去，进入5月下旬，酷热的太阳开始炙烤着大地，草原慢慢变成荒原，随着漫长的旱季来临，动物们挨饿的时节到了！为了寻找到充足的水源和食物，塞伦盖蒂草原上的动物们，开始了一场浩浩荡荡的迁徙旅行，它们的目的地是北方此时正值连绵雨季的马赛马拉。

在这支庞大的旅行队伍中，主力成员是成百万计的角马，它们奋力踩踏出隆隆的蹄声，滚滚的浓烟腾空而起，身后，是几十万只斑马和瞪羚的身影。这注定是一场危机四伏的旅程，角马、斑马和瞪羚所散发出的气味儿，早就吸引了凶猛的猎手。狮子和鬣狗一路尾随而来，伺机猎杀落单的旅行者；鳄鱼早早地埋伏在马拉河中，它们不想错过送上门的大餐；就连秃鹰也成群结队地盘旋在高空中，企图从中分上一杯羹。惨烈的厮杀声和呼叫声每一刻都会响起，伴随着旅行的队伍到达马赛马拉。但角马们只能稍作停留，马赛马拉的面积比塞伦盖蒂小得多，那里的食物不足以维持迁徙大军的长期生活。于是，在11月坦桑尼亚的雨季来临前，旅行队又开始离开马赛马拉，向南返程。

对于队伍中的大部分成员来说，这是一场以生命为代价的旅行。在饥饿、干渴、体力不支和天敌的猎杀下，大约只有三分之一的幸运儿能够重新返回它们最初启程的地方——塞伦盖蒂草原。几个月以后，新一轮的旅行又重新开始，这样的故事在非洲草原上每年都在发生。

乞力马扎罗山

乞力马扎罗山号称是"非洲屋脊"，位于东非高原的西北部，最高峰呼鲁峰海拔5892米，是非洲最高的山峰。这座高耸入云的大雪山峰顶，是一个真正的大火山口。在全球气候变暖的影响下，乞力马扎罗山的积雪融化严重，"赤道雪山"的奇观或许将很快消失。

东非大裂谷

东非大裂谷是东非大陆上一道触目惊心的"伤痕"，大裂谷的长度几乎有地球周长的1/6，是世界上最大的一条裂谷带。东非大裂谷是人类文明最古老的发源地之一，科学家曾在这里发现了一具200万年前的史前人类的头骨化石，并将它命名为"东非人"。

瞪羚

瞪羚是羚羊的一种。它有一双大大的眼睛，眼球向外凸起，看起来就像瞪着眼一样，所以叫作瞪羚。瞪羚大多生活在非洲大草原上，也有少数生活在亚洲。瞪羚是非常敏捷的动物，善于跳跃和奔跑。

角马

角马也叫牛羚。从头部看，它长得像牛，从尾部看，它长得像马，但角马既不是牛也不是马，它是一种生活在非洲的大型羚羊。角马喜欢群居，在食不果腹的旱季，角马会自觉地组合成几十万只，甚至上百万只的大团队，以利于迁徙。

> 远方的家
YUANFANG DE JIA

尼罗河的礼物

 非洲东北部　　 埃及

在非洲北部的沙漠中穿行，我们沿着一条弯弯曲曲的河流，一路向北，最终抵达地中海。这条河流是地球上最长的河流之一——尼罗河。在尼罗河两岸，傲然挺立着高大的金字塔和古老的神庙。

在历史上，尼罗河定期泛滥，冲毁了下游的农田和村庄，但也给两岸留下了淤泥，将干旱的土地变成了肥沃的原野。洪水退去后，古埃及人在淤泥上种植小麦，丰富的食物让古埃及人得以繁衍发展，创造了无与伦比的灿烂文明。所以人们说：埃及是尼罗河的赠礼。在尼罗河岸边的淤泥上，生长有一种像芦苇的植物，叫作纸莎草。在长达3000年的时间里，古埃及人用纸莎草制成莎草纸，在上面写字、画画，记载下了他们和祖先的故事、思想。莎草纸在干燥的环境下可以千年不腐，希腊人、罗马人、阿拉伯人都曾用它书写。直到更先进的中国造纸术从阿拉伯传入埃及，莎草纸才被人们弃用，莎草纸的制作工艺也逐渐失传。

今天，在埃及，90%的居民都生活在尼罗河两岸。埃及人在尼罗河上游阿斯旺建造了一个巨大的水坝，尼罗河不再发生洪水。人们在尼罗河上驾驶着传统的白色三桅帆船，体验着古老的埃及人的水上生活。

河流与文明

人类文明的产生大都与河流有着密切的关系。长江和黄河孕育了中华文明；幼发拉底河与底格里斯河孕育了美索不达米亚文明；印度河与恒河孕育了古印度文明；尼罗河孕育了古埃及文明。

古埃及神话

在古埃及的神话里,神的形象大都是动物的头和人的身子。如埃及的主神太阳神阿蒙·拉,有时用牡羊头作为象征;养育女神哈索尔顶着牛的脑袋;凶狠的战争女神塞克美特长着狮子的头;科学之神托特则是白鹤头。

金字塔

历史上统治古埃及的国王被称为法老,金字塔是法老为自己修建的陵墓,全埃及共发现金字塔96座。金字塔大多是用巨大的石块垒起来,建造一座金字塔,往往花费巨大的人力和财力。历经几千年,如今金字塔已成为历史古迹,也是许多人到埃及旅游时必去的景点之一。

苏伊士运河

位于埃及东北部的苏伊士运河,是联通亚洲、非洲和欧洲的交通要道,也是连接地中海与红海,沟通大西洋与印度洋的重要航道。苏伊士运河开通后,来往欧洲与亚洲之间的船只,再也不必绕道好望角,航行的距离和时间都减少了一大半。

帝王谷

位于埃及尼罗河西岸的一条山谷,有着一个显赫的名称——帝王谷。在这条静谧的山谷中,竟然坐落着64位古埃及法老的陵墓。这些陵墓表面看起来平淡无奇,在地下可是奢侈无比,考古学家曾经在这里发现了图特王祖母的镀金棺木。

看一场芭蕾

如果你到了俄罗斯，也许你应该去看一场芭蕾。

芭蕾起源于欧洲的意大利，后来在法国发展起来，不过它的辉煌是俄罗斯艺术家的功劳。俄罗斯的芭蕾享誉世界，著名的有《天鹅湖》《睡美人》《胡桃夹子》等。

其实芭蕾跟话剧、戏剧、朗诵一样，都是在向观众讲故事，只是芭蕾不是靠说或者唱，它通过音乐和舞蹈动作表演故事。这跟哑剧有点像，芭蕾中也会用到哑剧中的一些手势表示简单的意思，比如用手按左胸表示"爱"，双手在头顶交替绕圆圈表示"跳舞"，摊开双手或单手表示"询问"，双手握拳交叉于身体前方表示"死亡"。

如果在欣赏一场芭蕾之前，你能了解它要讲的故事，会帮助你更好地去理解它。这些故事有的是神话，有的是童话，也有的是历史故事或者你身边的故事。作曲家根据故事情节编写音乐，编舞的人再根据音乐编排舞蹈。芭蕾中有一些基本的站位位置和舞姿，加上各种跳跃、腿部的伸展、旋转和脚尖的技巧，通过不同的编排，就组成了丰富多彩的舞蹈。学习芭蕾是一件辛苦的事情，一些看起来简单的动作，其实很难，需要学习许多年才能轻巧地做出来。对于跳芭蕾的女演员更是如此，她们要穿上一种特制的舞鞋，用脚尖跳舞，这种技巧需要特殊的训练才能学会。

红场和克里姆林宫

红场和克里姆林宫是俄罗斯的标志。红场位于俄罗斯首都莫斯科市的中心，俄罗斯的盛大庆典和群众集会，都在这里举行。克里姆林宫位于红场边上，它的周围建有20多座高大的塔楼，参差错落地将城堡包围起来，共同见证了俄罗斯恢宏发展的历史过程。

俄罗斯大列巴

俄罗斯人大都长得高大，他们做的面包的个头也不小。圆形的"大列巴"是俄罗斯的传统大面包，每一块都有好几千克重！大列巴的外皮微微有点焦黄，口感很脆，而面包的内瓤却松软可口，味道非常不错。

俄罗斯套娃

俄罗斯套娃是俄罗斯特有的艺术品。这是一种用木头制作的圆柱形玩具，一般由若干个大小不同、图案相同的空心娃娃相套组成，有5件套、7件套、12件套、15件套等等。图案上画有动漫中的人物或动物，最经典的图案是一个穿着俄罗斯民族服装的姑娘。

西伯利亚

俄罗斯是世界上面积最大的国家，它的东半部称作西伯利亚。这里人烟稀少，冬季非常寒冷，大雪弥漫。但西伯利亚物产丰富，有森林和矿藏，还有各种珍稀的野生动植物。

博物馆里的秘密

博物馆从来不开口,但它能告诉我们很多秘密!

每个来到希腊的人,通常都会被主人带到当地的博物馆,"来看看我们国家伟大的文化吧!"他们自豪地介绍着。希腊是西方文明的发源地,西方的诗歌、戏剧、音乐、舞蹈、艺术和建筑都发源于古希腊。在希腊大地上,有许多各种各样的博物馆,向人们诉说着一个个悠久的、迷人的秘密。

位于雅典的国家考古博物馆,是希腊最大、最著名的博物馆,它里面装满了希腊各地出土的 2 万件文物。有史前时代的竖琴师雕塑、迈锡尼时期的阿迦曼农的黄金面具、海神波塞冬的铜像。位于帕提农神庙附近的卫城博物馆,收藏有自 19 世纪中期以来在卫城发掘和修复过程中发现的文物,如"柱顶上的斯芬克斯""克里提奥斯的青年"等雕像。位于希腊中部的德尔菲博物馆里,收藏着大量 2000 多年前的古希腊艺术品,有马车夫青铜雕像和希腊神话中宙斯用来标记地球中心的肚脐石。位于希腊北方的萨洛尼卡考古博物馆,展出马其顿地区出土的文物和特色艺术品,如戴维尼镀金铜瓶。位于克里特岛上的克里特考古博物馆里,有丰富的米诺斯文明遗产、克诺索斯宫殿被修复的壁画等。

博物馆沉默地矗立在那里,希腊几千年的历史上所发生的事情,它都知道。

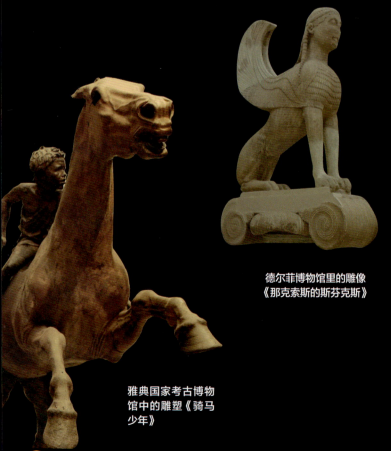

德尔菲博物馆里的雕像《那克索斯的斯芬克斯》

雅典国家考古博物馆中的雕塑《骑马少年》

奥林匹亚遗址

古希腊人在祭神的节日里,通常会举行一些体育竞赛的活动。公元前 776 年,古希腊人在奥林匹亚举行了人类历史上第 1 届运动会,运动会期间,希腊各地都要停止战争,被称为神圣休战。后来,这项古老的运动会发展成现代奥林匹克运动会,古代奥运会追求和平、平等、友谊的精神被继承下来。

现代奥运会开幕前,通常会在奥林匹亚遗址采集火种。

雅典卫城

位于雅典市中心山丘上的雅典卫城，供奉着雅典城的守护神雅典娜。卫城里建有帕提农神庙、伊瑞克提翁神庙、雅典娜女神庙等，是古希腊建筑与雕刻艺术的杰作。在古代，卫城还是城市防卫的要塞。

橄榄枝

油橄榄是希腊的国树，古希腊人认为，橄榄树是神赐给人类和平与幸福的象征，用橄榄枝编织的橄榄冠是最神圣的奖品，能获得它是最高的荣誉。如今，在一些国家交往中，凡要表示友好愿望的，总有摇橄榄枝或放飞和平鸽的场面。

希腊神话

在古希腊产生了大量有人有神的民族英雄故事，后来用诗歌、戏剧、书籍等形成记录传承下来，成为希腊神话。希腊神话中的神除了能长生不老外，与人没有太大区别，他们会嫉妒、为情所困，也会为了利益做坏事。

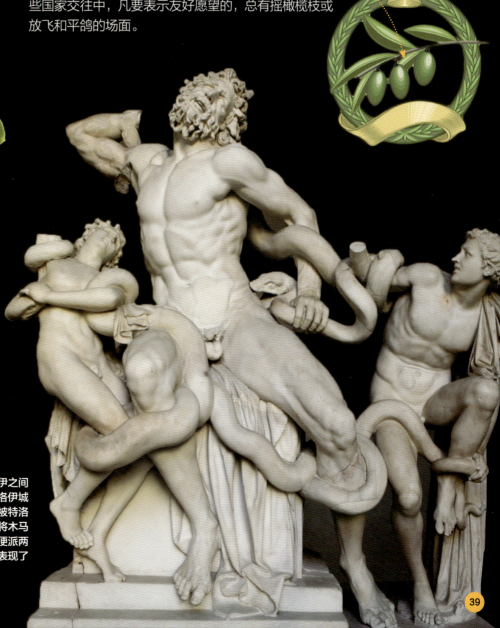

《拉奥孔》群雕。在希腊神话中，希腊和特洛伊之间进行了长达10年的战争，希腊军队围困住特洛伊城却久攻不下。后来，有人献上"木马计"，但被特洛伊城的祭司拉奥孔识破，他警告特洛伊人不要将木马搬进城。这激怒了庇佑希腊军队的雅典娜，她便派两条大海蛇杀死了拉奥孔和他的两个儿子。群雕表现了拉奥孔和他两个儿子受海蛇折磨时的痛苦情状。

> 远方的家
> YUANFANG DE JIA

如果你遇到塞拉斯

欧洲东南部　西班牙

如果你在西班牙遇到了12岁的塞拉斯，那么，你可以跟他谈谈足球。与大多数西班牙人一样，足球是塞拉斯最感兴趣的话题。

塞拉斯的家乡是在离巴塞罗那几十千米的小镇锡切斯，他的人生第一个玩具就是足球。3岁那年，父亲送他去当地的足球队进行训练。在6岁以前，塞拉斯都被分在幼儿组。现在，塞拉斯已经是少年组的一员了。每天下午放学，塞拉斯独自去球队训练场，在教练的带领下，他和队员们进行技术训练。"几乎刚学会走路，我就开始踢足球了。"如果你遇到塞拉斯，他总会这么跟你说。

每天早上，塞拉斯都要去附近的中学上课，下午放学后，再去足球队训练两个小时。每个周末进行一场练习赛。父亲是塞拉斯最忠实的"粉丝"——每到塞拉斯有比赛的时候，父亲总会来为他加油。"塞拉斯，踢得再有威胁点。""塞拉斯，你应该站得更靠近中路。"父亲在看台上大喊大叫，塞拉斯有时觉得父亲不是来看他比赛，是在过教练的瘾。

塞拉斯在场上踢的位置是前腰，他的偶像是安德雷斯·伊涅斯塔。伊涅斯塔盘带灵活，想象力丰富，善于突破和传球。在2010年的男子足球世界杯赛上，正是凭借伊涅斯塔在决赛中最后时刻的进球，让西班牙国家男子足球队历史上第一次拿到世界杯冠军，这让伊涅斯塔成为全西班牙人心目中的英雄。在塞拉斯的朋友中，有的去了像巴塞罗那、西班牙人那样的大球队，他们在那里继续接受训练，期待成为一名职业球员。塞拉斯不想成为职业球员，因为那需要超凡的天赋和坚定的意志。不过，不管怎么样，足球已经成为塞拉斯生活中的一部分，对他来说，足球是一项爱好和生活体验。如果你遇到塞拉斯，请跟他谈谈足球。

足球已成为西班牙的标志，也是西班牙孩子最喜欢的体育运动之一。

西班牙斗牛

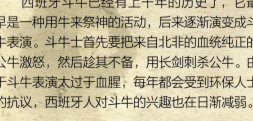

西班牙斗牛已经有上千年的历史了，它最早是一种用牛来祭神的活动，后来逐渐演变成斗牛表演。斗牛士首先要把来自北非的血统纯正的公牛激怒，然后趁其不备，用长剑刺杀公牛。由于斗牛表演太过于血腥，每年都会受到环保人士的抗议，西班牙人对斗牛的兴趣也在日渐减弱。

西红柿节

每年八月的最后一个星期三，是西班牙瓦伦西亚地区的布诺尔小镇一年一度的"西红柿节"。这一天，来自世界各地的游客和当地居民走上街头，用熟透了的西红柿相互攻击，不管是熟悉的人还是陌生人，都可以参战，直到人们筋疲力尽，西红柿大战才结束。

表演弗拉明戈舞的女演员身着色彩艳丽的大摆长裙，随着舞姿的转动，就像绽放的花朵。

米拉之家

巴塞罗那以独特的建筑艺术而闻名，城市里最有名的建筑基本都出自一位设计师之手，这个人就是高迪。有的人说高迪是前卫、疯狂的艺术家，这从他设计的"米拉之家"中可以看出。米拉之家是一座私人公寓，它有波浪形的外形，扭曲的栏杆，奇形怪状的烟囱，整个公寓看上去非常怪异。许多人认为米拉之家是现代建筑的代表，20世纪世界上最重要的建筑之一。

弗拉明戈舞

弗拉明戈舞是一种西班牙舞蹈，它融合了东印度舞和阿拉伯舞的元素，最后在西班牙的吉普赛人手里发扬光大。弗拉明戈舞有强烈的节奏，跳舞时脚尖、脚掌、脚跟会跟着节奏击打地面。弗拉明戈舞以优美的舞步和动作所体现出的内在力量，吸引着世界各地的人们。

教堂的国度

欧洲人大多信奉宗教。在以前，教会的权利很大，他们常常花费大量的金钱来建造教堂。有些教堂建造得很大，如世界上最大的天主教堂——梵蒂冈的圣彼得大教堂，能同时容纳60000人聚会；有的教堂用大理石建造，内部用雕刻、壁画装饰；有的教堂用了几百年才建完。教堂是供教徒们做礼拜、祈祷的场所，但它的建造往往也是权贵们炫耀财富的方式。不过由于宗教在欧洲人心中占有崇高的地位，因此教堂建筑贯穿整个欧洲建筑史，它集中体现了欧洲的先进技术和建筑理念。

意大利算得上是教堂的国度，从乡村到大城市，随处可见各种形式的教堂。有的看起来像坚固的城堡，通常在一侧或中间建有塔楼，有粗矮的石柱，门、窗、过道被装饰成半圆的拱形，称为罗马式，如比萨大教堂，著名的比萨斜塔是它的塔楼。有的教堂有许多像竹笋一样高耸入云的尖顶，被称作哥特式，如米兰大教堂，它有135个尖塔，密密麻麻的，一齐刺向天空。有的教堂有巨大的穹顶，如佛罗伦萨大教堂，它是欧洲文艺复兴时期最具代表性的建筑。有的教堂把各种风格融合在一起，如威尼斯的圣马可大教堂，它拥有500多根石柱和4000多平方米的马赛克画。

意大利的教堂不仅仅是宗教场所，还是一座座艺术博物馆，在教堂里，能欣赏到许多历史上著名画家、雕塑家的作品。

比萨斜塔

比萨斜塔位于意大利比萨城北面的奇迹广场上，是一座圆形大钟楼。由于它底部的土层松软，地基不稳，钟楼向东南方倾斜。这让它成为闻名世界的建筑。

"水城"威尼斯

位于意大利东北部的威尼斯是世界上著名的"水城"。这座城市里总共有150多条运河,大大小小的河流通过400座桥梁连接在一起,形成一片纵横交错的独特风景。底部平坦、两头高高翘起的小船"刚朵拉"是威尼斯主要的交通工具,这种完全用手工制造而成的黑色船只由280多块木头制成,形状像悬挂在夜空中的月牙儿。

博洛尼亚大学

博洛尼亚大学是全世界最古老的大学,它建于1088年,至今已有900多年的历史。从成立起,博洛尼亚大学就是欧洲重要的文化和学术的中心之一,欧洲许多大学都是参考它的形式建立的。

庞贝古城

庞贝古城是古罗马时期的一个城市,位于意大利南部的那不勒斯附近。公元79年,维苏威火山爆发,火山灰把整个庞贝城掩埋到了地下,这一埋就是1600多年。从1748年开始,考古发掘一直持续到今天。保存完好的街道和房屋,成为人们了解古罗马时期的文化和社会生活的资料。庞贝古城现已被联合国教科文组织定为世界文化和自然遗产。

古时人们在这里举行集会,进行法律审判,举行商业交易会等各种活动,如今28根大柱子的遗迹记载着这里曾经的辉煌。

舌尖上的法国

中国人大概是世界上最热爱美食的人，如果说有一个国家的人和中国人一样热爱美食，那非法国人莫属。在中国，人们常把法国的美食称为"法国大餐"，"大"字是中国人对法国食物的一种认可。

法国是一个气候温和、土地肥沃、物产丰富的国家，这为法国菜的烹制提供了许多新鲜的特殊食材。鹅肝和蜗牛是法国菜里著名的传统美食；鱼子酱的原料一般选用鳟鱼、鲟鱼或鳇鱼的鱼卵；松露的原料是一种来自地底下的菌类。但与这些名贵的食物相比，在普通法国人心目中，面包的地位无可比拟。面包的食材来自最常见的小麦，在面包师的手中，它们可以变化出多种花样，成为法国人最喜爱的美食。虽然有像法式棍面包、羊角面包这样形象的通称，但每位面包师都会把自己制作的面包取一个特别的名字，对他们来说，每一块面包都是一件艺术品。物美价廉的面包不仅是能提供丰富营养的食物，还是法国人生活中重要的部分。他们用"没有面包的日子"来形容度日如年；用"老天恩赐的面包"来形容好运气；用"好得和面包一样"来形容一个人心地善良。

法国人通过精致的美食和繁琐的就餐礼仪，传达着他们对生活的热爱。不过随着全球化的影响，现在的法国人饮食习惯也在发生着变化，许多年轻人不再热衷于把大量时间用于烹制食物上，他们喜欢简洁的快餐和简单的就餐礼仪。

葡萄酒之乡

法国人喜欢喝葡萄酒，葡萄酒是用新鲜的葡萄果实或果汁，经发酵酿制而成。法国地中海沿岸、加龙河下游和卢瓦尔河谷等地区，都是葡萄的重要产地，那里也盛产葡萄酒。法国的葡萄酒在世界上享有盛誉，西南部的波尔多所产的葡萄酒，更以质量好，产量多而闻名。

法国葡萄酒

埃菲尔铁塔

在巴黎塞纳河的南岸，有一座用钢铁打造而成的高塔——埃菲尔铁塔。它高 300 多米，铁塔的名字来源于它的建筑师古斯塔夫·埃菲尔。铁塔的塔身立在 4 条腿上，站在腿边向上望去，铁塔就像一个钢铁巨人。一开始巴黎人不喜欢埃菲尔铁塔，他们觉得埃菲尔铁塔太丑了，影响了巴黎的市容，很多人都想把它拆掉。不过现在，埃菲尔铁塔已经成为法国的标志。

凯旋门

在巴黎香榭丽舍大街西端，有一座巨大的拱门，叫作凯旋门，最早是为了迎接凯旋归来的军队而修建的。在凯旋门两面门墩的墙面上，有 4 组以战争为题材的大型浮雕："出征""胜利""和平"和"抵抗"。任何交通工具都不能从凯旋门下穿行，因为凯旋门下修建有一座"无名烈士"墓，以纪念在世界大战中牺牲的普通士兵。

卢浮宫博物馆

卢浮宫博物馆是世界上藏品最多的博物馆，珍藏着 40 万件 17 世纪和欧洲文艺复兴时期的艺术珍品，其中达·芬奇的油画《蒙娜丽莎》、古希腊石雕《米洛维纳斯》和《胜利女神》是卢浮宫的镇宫之宝。

卢浮宫博物馆前的金字塔形玻璃入口是华人建筑大师贝聿铭设计的。

寻找梦想的人

欧洲北部　丹麦

站在圣克努特大教堂前，14岁的斯·克里斯蒂安·安徒生开始思考自己的未来。"也许我可以去哥本哈根试试运气。"在这之前，安徒生做过很多工作，他在织工和裁缝那里当过学徒，还在一家香烟工厂做过工，不过这些都不是安徒生喜欢做的事。他有一个梦想，当一名歌剧演唱家，因为大家都说他唱歌很好听。

"哥本哈根太远了，你根本走不到那的。"人们提醒他。安徒生最后还是去了哥本哈根，带着所有的积蓄，他被丹麦皇家剧院雇佣，开始了歌唱生涯。有一天，安徒生的嗓子突然坏了，他不能再唱歌了。"也许我可以去跳舞。"就这样安徒生成了一名舞蹈学徒，后来人们告诉他，他太瘦太高，不适合继续跳舞，安徒生又失业了。"也许我可以去写剧本。"安徒生有了新的梦想，他开始写作。不过人们说他的作品不适合演出，就这样，安徒生的梦想再一次破灭了。

国王对这个奇怪的男孩产生了兴趣，他资助安徒生去了一家文法学校。但安徒生不喜欢上学，他不情不愿地在学校里度过了好几年。有一天，安徒生决定不再读书，他又有了新的梦想——旅行。于是安徒生去了意大利，一个旧皮箱、一顶礼帽、一个提包、一把雨伞、一根手杖是他的旅行装备。安徒生后来去过很多地方：德国、瑞典、荷兰，还有亚洲、非洲。他把他在旅行中的见闻和经历写成小说，他的小说成功出版，安徒生终于找到了自己的梦想。

不过，人们并没有记住安徒生写的旅行小说，人们记住了他后来写的童话——尽管他认为自己写的不是童话，而是给大人看的故事。

欧登塞城

欧登塞城是丹麦最古老的城市之一，也是安徒生的家乡。在他的家乡，人们为他建了一座博物馆，用他的名字给公园命名，把他住过的房子保护起来。在街头，安徒生的雕像随处可见。在这座城里的每个人都以他为傲，谈论着他的作品。

美人鱼雕像

世界闻名的美人鱼雕像坐落在丹麦哥本哈根市中心的长堤公园。这座精致美丽的铜像是丹麦雕塑家埃利克森的杰作，它的创意来自丹麦著名作家安徒生的童话《海的女儿》。美人鱼雕像现在已经成为哥本哈根的标志。

小人国

在丹麦有一个举世闻名的"小人国"——"乐高园"，园内所有的物体都是用积木搭成的，大小只有实物的1/20那么大。它用320万块积木搭建了无数的积木艺术品，包括美国自由女神像、希腊的帕提农神庙、哥本哈根港口等，栩栩如生，惟妙惟肖。

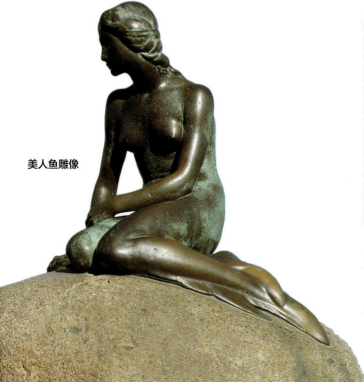

美人鱼雕像

积木搭建的艺术品

海盗博物馆

在哥本哈根市西边的罗斯基尔海湾，有一座别具特色的博物馆——海盗博物馆。在这个博物馆内陈列着1000多年前的海盗遗物，包括海盗当年乘坐的战船、商船，海盗掠夺来的金银财宝，遗留下来的衣物、小玩意儿等等。

巧克力工厂

欧洲西北部 · **比利时**

几乎没有人能抵挡巧克力的诱惑。位于欧洲西部，北海边上的比利时，被称为巧克力王国。走在比利时大街上，随处可见巧克力店，里面摆放着各种精美的巧克力。

巧克力的主要原料来自于可可豆，可可豆是可可树的种子。最早墨西哥人把可可豆碾碎成可可粉，加入水，制作成一种很苦的饮料。后来，西班牙人把这种饮料和可可树带回了欧洲，广受欢迎。人们还在可可豆中提炼出油——可可脂，把它混合在饮料中，巧克力就是这样被发明出来的。

巧克力有很多种，如粗巧克力、黑巧克力、牛奶巧克力和白巧克力等。不管哪种口味的巧克力都是在可可粉和可可脂中，加入糖或牛奶制成的。让我们一起看看巧克力在工厂里是怎么做出来的吧。首先，发酵好的可可豆要经过清洗、干燥，然后放入高温炉中烘烤，以减少豆子中的苦味。同时，把剥下来的果壳磨成碎粒，这些碎粒可以制成两种有用的原料：固体可可和可可脂。利用风把烘烤好的豆子上粘连的豆皮吹掉，然后把豆子和蔗糖混合在一起，放入大型搅拌机中搅拌。把搅拌好的可可豆研磨成细小的粉末后，进行精炼，精炼后的巧克力粉末就变成了巧克力液，根据口味的不同，在巧克力液里加入不同的原料。最后把巧克力液倒入模具中，凝固后，各种形状的巧克力就做出来了。是不是很简单呢？在家里你也可以试着自己动手做巧克力哟！

形态各异的巧克力

第一公民

在比利时，如果你要问谁最有名，人们会告诉你是小男孩于连。传说在13世纪中叶的一场战争中，敌军在比利时首都布鲁塞尔城下埋了地雷，并点燃了引线准备把布鲁塞尔炸为平地。就在这千钧一发之时，于连在地雷的引线上撒了一泡尿，浇灭了正在燃烧的导火线，从而挽救了这座城市。现在在布鲁塞尔市中心广场上，还有于连撒尿的雕塑，他也成为布鲁塞尔市第一公民。

小英雄于连

比利时的漫画

漫画在比利时很受欢迎。比利时漫画家创造出许多著名的漫画形象，如《丁丁历险记》里的丁丁和小狗白雪、快乐的蓝精灵、皮小子斯皮鲁、幸运的卢克、威力和旺达等。在比利时的街头、书店、海报、建筑物外墙上到处都画有漫画，有的出自名人之手，有的是小学生的画作。

比利时街头的漫画雕塑

微型欧洲

在布鲁塞尔公园里，有一个被称作微型欧洲的地方，里面荟萃了欧洲闻名世界的宫殿、教堂、修道院、古堡、神庙、广场、港口、高塔和名人的故居等 300 多个名胜古迹，建筑物均按真实景物的 1/25 再现。这些景观从各个不同的侧面反映了欧洲的历史、文化、艺术和科学技术的发展。

滑铁卢

滑铁卢是比利时的一个小镇。1815 年 6 月 18 日，拿破仑带领法国军队在滑铁卢与英国军队展了一场生死之战。经过 12 个小时的激烈奋战，法国军队惨败，拿破仑此后结束了自己的军事生涯。从此，人们就用滑铁卢来比喻那些重大的失败。

风景优美的滑铁卢小镇

红色的双层巴士

欧洲西部　英国

现在的伦敦街头，人们又能欣喜地看到红色双层巴士的身影了。

这种在伦敦辛勤运行了50多年的红色双层巴士，被伦敦人称作"马路大师"的称号，曾经消失了一段时间。

英国人在100多年前曾经建立了一个强大的帝国，他们用无敌的舰队和先进的武器，统治着世界上近1/4的领土。英国的船队把从殖民地抢来的财富和资源运回英国，再把工业产品高价卖出去，通过这种殖民贸易，英国人变得非常富有，他们自称为"日不落帝国"。

伦敦是英国的首都，随着英帝国的崛起，伦敦成为欧洲最大的城市。但在20世纪初，由于人们大都使用煤作为燃料，排放出大量的烟雾，再加上特殊的气候，使伦敦整天笼罩在黑色的烟雾中。1954年，红色双层巴士第一次缓缓驶进了伦敦城。它的出现，让每一位行走在街道上叹息的伦敦人，记住了从乌黑的伦敦雾里显现的那一抹亮色。

伦敦的街道大都比较狭窄，也没有高架立交，双层巴士的出现，减轻了伦敦的地面交通压力。半个多世纪以来，红色的双层巴士穿行在伦敦的大街小巷。人们在巴士上看到过女王和她的卫队；听到过威斯敏斯特教堂旁大本钟低沉的钟声；见证过泰晤士河畔码头的繁忙。红色双层巴士获得了伦敦乃至英国人的喜爱，它成了伦敦的标志。

和大多数英国人一样，伦敦的人们不喜欢轻易改变自己的习惯。就如他们喜欢喝下午茶，去俱乐部喝酒、聊天，喜欢散步一样，他们习惯了有红色双层巴士的陪伴。2005年12月，由于红色双层巴士运营成本太高，以及车辆陈旧等原因，英国政府对它下达了退休的命令。伦敦人在失望的情绪中度过了煎熬的几年，直到2012年，新型的红色双层巴士重新回归了伦敦城。

泰晤士河、大本钟及"伦敦眼"

从伦敦市中心穿越而过的泰晤士河全长338千米，在它的流域两侧聚集了许多英国著名的建筑物。其中，高高耸立在泰晤士河畔的大本钟钟楼修建于1843年，每隔15分钟，钟楼里就传出一首悠扬的乐曲，正点报时的钟声沉重而洪亮，可以传到几千米之外。大本钟的对岸有一座巨大的摩天轮，被称作"伦敦眼"。

牛津大学和剑桥大学

英国牛津大学和剑桥大学都是世界公认的一流学府，英国历史上的多位首相像坎宁、艾德礼、撒切尔夫人、布莱尔等都曾经在牛津大学就读，而剑桥大学则培养了70多位诺贝尔奖获得者。

福尔摩斯之家

贝克街221b号是英国大作家柯南道尔笔下的名侦探福尔摩斯的寓所，这里陈列着福尔摩斯使用过的各种纪念品。如果运气好的话，你还可以和福尔摩斯或华生谈上几句话，当然，他们并不是"正版"的哦。

白金汉宫

白金汉宫是英国女王的家，有600多间房屋，包括典礼厅、音乐厅、宴会厅、画廊等，房间里装饰着许多稀世珍宝。女王在家时，白金汉宫上就升起旗子，不在家时，旗子就会降下。

神秘巨石阵

巨石阵位于英格兰南部威尔特郡境内的大平原上，每块巨石高达四五米。据科学家们猜测，几千年前巨石阵就矗立在这里，它可能与某种天体现象有关。远古时代的人们为什么要建造巨石阵？当时的人们是怎么建造巨石阵的？这些问题至今还是个谜。

远方的家

来，一起搭建雪屋

北美洲北部　　格陵兰岛

无论是在寒冷的格陵兰岛，还是冰天雪地的阿拉斯加或者加拿大北部，都能见到因纽特人的身影。这些居住在地球最北端的人们，不仅形体特征与蒙古人十分相像，也有蒙古人粗犷、豪放的个性和狩猎的生存技能。凭借小船、绳子等简单的工具他们就敢与北极熊、鲸这样凶猛的动物搏斗。

因纽特人居住的房屋是用雪建成的。这些雪屋的屋顶都是半球形的，看上去像草原上的蒙古包。在建造雪屋前，因纽特人选择坚实的积雪，把它们切成方块，然后从底部一圈圈向上砌，每圈向里收缩，直到封顶。为了防御呼啸的暴风，他们在屋顶和屋内的墙壁上，分别围上一圈密实的兽皮，这样雪屋就不会透风了，同时还能起到保暖的作用。有的雪屋有小小的窗户，用晒干的海兽肠子作窗户纸，可以透光。在雪屋里可以生火取暖，由于天气非常寒冷，因此不必担心雪屋会被热气融化。

如今，因纽特人的生存条件有了极大改进。他们骑着雪地摩托四处寻找猎物，很多人不再吃生的鱼、肉，大部分人住进了装有暖气的房屋，雪屋已经很难再见到了。

朗伊尔城

朗伊尔城是地球上最北端的小城，它离北边的北极点只有 1300 千米远。在这座冰冷的小城的周围，北极熊是可怕的威胁。饥肠辘辘的北极熊随时都会出现，为了保护自身的安全，携带并学会使用枪是必要的，也是法律所许可的。

因纽特人

格陵兰岛

格陵兰岛是世界第一大岛,格陵兰的意思是"绿色的土地",但实际岛上80%以上的地面被冰雪覆盖。格陵兰岛上人烟稀少,只有在南部的海岸边上,有少量的居民居住生活。

雪地摩托

爱斯基摩犬

爱斯基摩犬是因纽特人的忠实伴侣,它的个头很大,体格强壮,皮毛保暖性好。以前,因纽特人出门就乘着爱斯基摩犬拉的雪橇,在北冰洋的冰层上寻找猎物。现在,爱斯基摩犬成为很多人饲养的宠物。

不给糖就捣乱

北美洲中部　　美国

万圣节前夜，美国大街上出现了一支支"讨糖大军"。队伍由孩子组成，他们装扮成鬼怪的样子，有稀奇古怪的吸血鬼、恐怖的僵尸，还有面目可憎的巫婆。有的孩子手上提着"杰克灯"，"杰克灯"也叫南瓜灯，是由大个头的橙色南瓜做成的，大人们先把大南瓜掏空，在南瓜皮上刻上眼睛和嘴巴，再在里面插一根点燃的蜡烛。"讨糖大军"挨家挨户按响邻居的门铃，大声喊："不给糖就捣乱！"主人不敢怠慢，赶紧拿出糖果、巧克力和一些小礼物，得到满足的"讨糖大军"就会接着向下一家前进。如果哪家没有准备好款待客人，或者拒绝开门，就会遭到孩子们的捉弄。当孩子们玩够了，回家休息的时候，他们的口袋里装满各式各样的糖果，这些丰盛的收获可是万圣节最甜蜜的纪念呢！

每年的11月1日是美国的万圣节，10月31日晚上就叫万圣节前夜。以前的西方人认为，在万圣节前一天的晚上，鬼魂会降临人间，给活着的人带来麻烦。为了保护自己不被伤害，人们穿上像鬼怪一样的衣服，戴着面具，挨家挨户收供品，慷慨的人会受到良好的祝愿，吝啬的人就会受到威胁。万圣节就像中国的中元节一样，是活着的人祭祀亡魂的节日。但流传至今，万圣节早已没有了宗教和迷信的色彩，它成了一个孩子们的节日。

如果你在万圣节前夜到了美国，发现大街上到处有妖魔鬼怪出没，请不要害怕，它们没有一个是真的。

黄石公园

黄石公园是世界上第一座国家公园，公园内有雪山、森林、峡谷、湖泊、河流，栖息着许多美洲特有的珍稀动物，最特别的是到处有五颜六色的间歇泉。黄石公园的地底下潜伏着破坏力强大的超级火山，人们担心有一天它会突然爆发。

自由女神像

在纽约港口的自由岛上，高高地耸立着著名的自由女神像。这座高达46米的大型塑像，是1876年美国独立100周年时，法国送给美国人的礼物。后来，自由女神像成为美国人民争取自由独立的象征。

环球影城

好莱坞

好莱坞位于洛杉矶市的西北部，是世界著名的影视胜地，云集了许多世界级的影视明星和制作商。好莱坞每天吸引着来自世界各地的旅游参观者，还有巨额投资的电影、电视在这里拍摄制作。

迪斯尼乐园

迪斯尼乐园是全球所有孩子最喜爱去的地方，坐落在美国加利福尼亚州的迪斯尼乐园是世界上第一个迪斯尼主题乐园。乐园里有漂亮的城堡，有栩栩如生的米老鼠、唐老鸭、白雪公主、睡美人等动画形象。从遥远的地质时代到人类不同的历史时期，从神话到现实，从自然界到宇宙太空，一个个逼真的场景，让人们有身临其境的感觉。

► 远方的家

保护亚马孙雨林

南美洲中部　　亚马孙雨林

位于南美洲的亚马孙热带雨林,面积 700 万平方千米,横跨巴西、哥伦比亚、秘鲁、委内瑞拉、厄瓜多尔、玻利维亚、圭亚那和苏里南 8 个国家,是世界上最大的雨林。据估计,亚马孙雨林里生活着几百万种树木、昆虫、鸟类和哺乳动物。亚马孙雨林是野生生物的繁殖地,也是许多原始部落的聚集地。早在几千年以前,原始部落的居民就开始生活在亚马孙雨林里,他们与雨林和谐相处,建立了亲密的关系。雨林为原始居民提供食物、建筑材料等生活必需品,原始居民则守护着雨林。后来,西方国家的人来了,他们在雨林里修建公路,运走大量木材,用于制作门、窗、地板、家具,甚至一次性木筷;在雨林里挖矿,寻找金子,污染了雨林里的河流。他们还把雨林毁掉,建立种植园和畜牧场。西方人的到来,把麻疹和天花等疾病传给了原始居民,由于没有有效的治疗药物,许多原始居民和雨林里的生物一样,遭受到死亡的厄运,有些部落甚至全部灭绝了。

现在,每几秒就有一个足球场大小的森林在亚马孙雨林消失。随着雨林的消亡,每年大概有几百种生活在亚马孙雨林的生物永久灭绝。亚马孙雨林是大自然馈赠人类的礼物,有更多的人开始认识到保护亚马孙雨林的重要性,经过伤筋动骨的惨痛之后,亚马孙雨林在期盼着恢复元气的曙光。

地球之肺

雨林里的树木对全球气候有很大影响,它们吸收二氧化碳——导致全球变暖的罪魁祸首;同时还能释放氧气——人类和其他动物维持生命的必需品。亚马孙雨林产生的氧气约占全球氧气总量的 1/3,所以有人称它为地球之肺。

原始部落

据统计,有 1000 多个部落生活在亚马孙雨林里,其中的 68 个与外面的世界无任何接触。这些原始部落大多属于印第安人,他们勇猛顽强,但对雨林被破坏的状况感到深深的绝望,只能用游行示威的形式进行抗议。

亚马孙河

亚马孙河全长6751千米，是世界上流域面积最大、水量最大的河流。亚马孙河流域土壤肥沃，孕育了亚马孙雨林。河里有许多珍稀动物，如海牛、河豚、鳄、巨型水蟒等。

食人鱼

食人鱼是人们对一部分亚马孙河鱼类的统称。这种鱼听觉高度发达，牙齿锐利，性情凶猛。它们常常在一个首领的领导下，群体作战，捕捉河里的其他鱼类。有时它们也会对人类发起猛烈的攻击，细微的血腥味就会激起它们的战斗热情。

食人花

食人花生长在美洲亚马孙河的原始森林和沼泽地带。这种花十分巨大，直径大约有1.5米，每朵花有5个厚实的大花瓣。食人花没有枝叶和茎，只能依靠苍蝇来传播花粉。花朵开放的时候，会散发出一股恶臭；凋谢以后，又会很快腐败成黑色的物质。虽然叫食人花，但它其实对人没有太大威胁，只捕食昆虫一类的小动物。

儿童共和国

南美洲南部 — **阿根廷、巴西、智利、秘鲁**

阿根廷是位于南美洲南端的国家，它的首都是布宜诺斯艾利斯。在布宜诺斯艾利斯城南60千米的地方，有一个叫"儿童共和国"的主题公园，它是一个缩小了的城市。城市里文化宫、法院、医院、火车站等各种设施应有尽有，每幢建筑风格各异，五颜六色，当然，都比一般的建筑要小很多，只有小孩子才能进出。这里是专属于儿童的地方。

在儿童共和国，你可以去国会大厦里进行议会辩论；可以去银行办理存款、取款或汇款手续，当然，钱和存单都是仿制的。文化宫里有人在讲故事、玩魔术，陈列着来自世界各地的玩具娃娃，它们穿着不同民族的衣服，其中，来自中国的玩具娃娃制作精致，形象优美，被摆放在显眼的位置。走在儿童共和国的大街上，你还能碰见共和国的儿童卫队。他们身穿统一的制服，迈着矫健的步伐，在鼓乐声中，威武地向前行进。坐上火车——车厢里的座位也是专为儿童设计的，你将驶向"郊外"，沿途有模拟的海军、陆军和空军的基地，还有体育馆、工厂等，穿过隧道、桥梁，列车到达了"共和国"的乡村，农舍、农场、庄园、牧场一应俱全。

儿童共和国是专属于儿童的地方，到了阿根廷，你一定要去看看。

伊瓜苏瀑布

伊瓜苏瀑布是世界五大瀑布之一，它位于阿根廷和巴西两国的边境上，因水流被岩石天然切割，形成近300个大小不一的瀑布，构成了一组罕见的半环形状的瀑布群，雪白闪亮的水花从高处飞溅而下，气势非常壮观。

神秘的石像

在距智利海岸3500千米的太平洋上，有一座三角形的小岛，被称为复活节岛。岛上留存有五六百尊巨大的石像，石像神情凝重地望向远方。千百年来，谁也不知道是什么人花了这么大力气雕的石像，以及他们为什么要把石像摆放在岛上。也许有一天，谜底会被揭开。

巴西狂欢节

每年2月底是巴西的狂欢节，在大城市里，到处可见色彩缤纷的气球和鲜花，到处是身穿奇装异服、头戴面具的人群。人们随着欢快的桑巴舞曲，整夜在大街上唱歌跳舞。绚丽的服装、精美的花车、抛洒的彩带，让整个城市沉浸在一片狂热的气氛中，向人们展示南美文化热情奔放的一面。

马拉卡纳球场

巴西的里约热内卢，有一座名叫马拉卡纳的足球场，可容纳20多万名观众，算得上世界上最大的足球场了。每逢重大的足球赛事，马拉卡纳足球场内人潮如流，观众席上发出的欢呼声几千米外都能听到。

马丘比丘

大约3000年前，南美洲曾建立过一个强盛的古老国家——印加王国。印加王国有发达的农业，印加人培育出的许多农作物，如玉米、马铃薯、西红柿、棉花等，被世界各地引种，成为今天世界上最常见的农作物。聪明的印加人还能修建水渠，建造宫殿、城堡，可惜在西班牙人入侵后，过去的历史遗迹都被毁掉，位于秘鲁的马丘比丘遗址是目前仅存的印加王国的古城遗址。

谁是这里的主人？

太平洋西南部　　澳大利亚、新西兰

几维鸟

在南太平洋的广阔海域上，孤悬着一片大陆——大洋洲。它是世界上陆地总面积最小的一个洲，由众多岛屿国家组成，其中最大的两个岛国是澳大利亚和新西兰。

最早，整个大洋洲上都没有人类居住，直到大概40000年前，东南亚的一批先民，乘海平面下降，勇敢地越过海洋，登上大洋洲的土地，成为大洋洲最早的主人。到了距今大概5000年前，海水上涨到现在的水平，大洋洲与外界的联系被中断了。人类来到大洋洲时，最先在澳大利亚和巴布亚新几内亚定居。在随后的几万年中，他们中一些富有冒险精神的人乘坐皮筏、独木舟等历尽艰辛，到达大洋洲的其他岛屿。大概在700年前毛利人的祖先到达新西兰，成为新西兰最早的开拓者。土著居民在大洋洲的各个岛屿上过着平静的原始狩猎生活，直到欧洲人的到来。

从16世纪开始，欧洲人先后发现了大洋洲的大部分岛屿，纷纷把它们变成自己国家的领土，英国人来了，法国人来了，荷兰人、葡萄牙人、德国人、西班牙人都来了。他们抢走了土著居民的土地和财富，在岛上种植椰子和甘蔗，让被迫背井离乡的土著居民到甘蔗园里出卖劳力。欧洲人到来后，许多土著居民被杀害，人口数量锐减，有些部落甚至遭到了灭绝，如塔斯马尼亚人、查莫罗人。如今，在大洋洲2900万人口中，只有20%是土著居民，70%是欧洲人的后裔，其他还有来自世界各地的移民，他们一起成为大洋洲的新主人。

由于大洋洲长期与世隔绝，保留下许多非常古老的生物种类。几百万年以来，一些大洋洲特有的动物在这片陆地上自由地生活，或许它们才一直是这里的主人。

树袋熊　　袋鼠　　针鼹　　鸸鹋　　琴鸟　　极乐鸟

大堡礁

大堡礁是世界最大最长的珊瑚礁群，在澳大利亚东海岸外绵延2000多千米，有大小岛礁3000多个。岛上阳光明媚，气候宜人，现已开辟成世界上最大的海洋公园。

鸭嘴兽

埃尔斯巨石

在澳大利亚中部的茫茫荒原上，耸立着一块巨大无比的石头，绕石头一周有 900 米，这块石头名叫埃尔斯巨石。在当地土著居民眼里，埃尔斯巨石是个神圣的地方，他们在石头下举行祈祷仪式，还在石壁上刻画出各种各样的图案。

碰鼻礼

毛利人是新西兰最早的主人，他们体格健壮，能歌善舞。毛利人至今还保留着很多古老的习俗，碰鼻礼是一种独特的见面问候方式。行碰鼻礼时两人要鼻尖碰鼻尖 3 次或 3 次以上，碰鼻的次数越多，时间越长，就说明礼遇越高。

天然牧场

新西兰气候温暖湿润，国土面积的一半是丰美的草原。在这片绿油油的草原上，分布着两万多个牧场，放养着 6000 多万只羊。新西兰是世界上最大的羊肉和羊奶制品出口国。

图书在版编目(CIP)数据

远方的家/程力华主编. —合肥:安徽大学出版社,2016.4
(走!我们一起去看世界)
ISBN 978-7-5664-0572-2

Ⅰ.①远… Ⅱ.①程… Ⅲ.①世界－概况－少儿读物 Ⅳ.①K91－49

中国版本图书馆 CIP 数据核字(2016)第 016921 号

出版发行:北京师范大学出版集团
　　　　　安 徽 大 学 出 版 社
　　　　　(安徽省合肥市肥西路3号 邮编230039)
　　　　　www.bnupg.com.cn
　　　　　www.ahupress.com.cn
印　　刷:合肥锦华印务有限公司
经　　销:全国新华书店
开　　本:215mm×275mm
印　　张:4
字　　数:90千字
版　　次:2016年4月第1版
印　　次:2016年4月第1次印刷
定　　价:24.80元
ISBN 978-7-5664-0572-2

策划编辑:汪迎冬　　　　　　　　　　装帧设计:参天树
责任编辑:汪迎冬　　　　　　　　　　美术编辑:李　军
责任校对:程中业　　　　　　　　　　责任印制:李　军

版权所有　侵权必究
反盗版、侵权举报电话:0551－65106311
外埠邮购电话:0551－65107716
本书如有印装质量问题,请与印制管理部联系调换。
印制管理部电话:0551－65106311